Impressum
Verlag: BABADADA GmbH, Nedderfeld 112 , 22529 Hamburg
Geschäftsführer / Verlagsleitung: Harald Hof
Druck: Books on Demand GmbH, In de Tarpen 42, 22848 Norderstedt

Imprint
Publisher: BABADADA GmbH, Nedderfeld 112 , 22529 Hamburg, Germany
Managing Director / Publishing direction: Harald Hof
Print: Books on Demand GmbH, In de Tarpen 42, 22848 Norderstedt

Szkoła
école

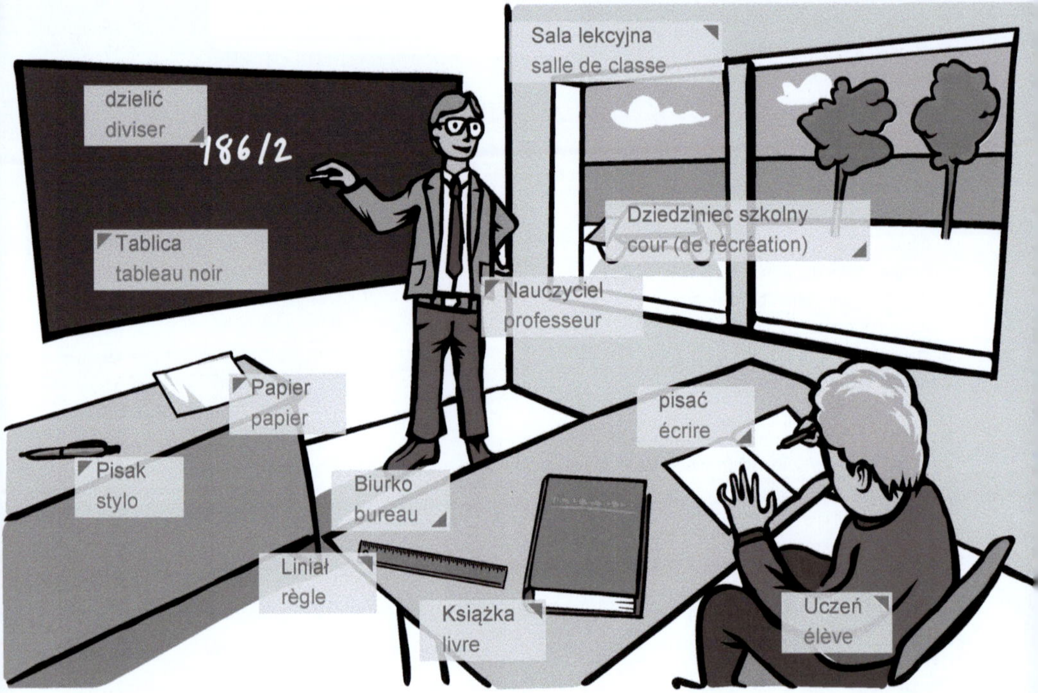

Sala lekcyjna
salle de classe
dzielić
diviser
186/2
Tablica
tableau noir
Dziedziniec szkolny
cour (de récréation)
Nauczyciel
professeur
Papier
papier
pisać
écrire
Pisak
stylo
Biurko
bureau
Linijka
règle
Książka
livre
Uczeń
élève

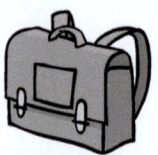

Plecak szkolny

cartable

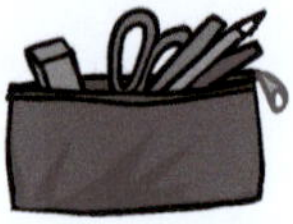

Piórnik

trousse

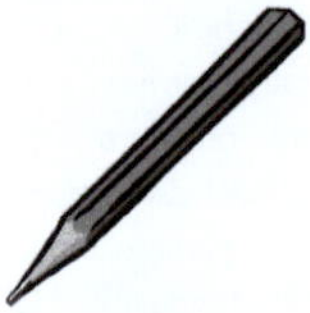

Ołówek

crayon

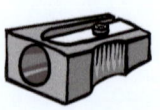

Temperówka

taille-crayon

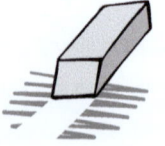

Gumka do mazania

gomme

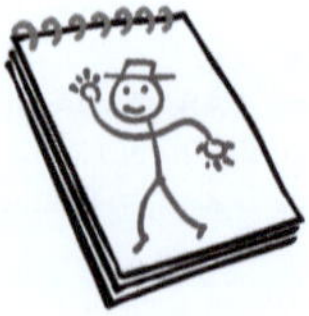

Blok rysunkowy

carnet à dessin

Rysunek

dessin

Pędzel

pinceau

Pudełko z akwarelami

boîte de peinture

Nożyce

ciseaux

Klej

colle

Książka do ćwiczenia

cahier d'exercices

Zadanie domowe

devoirs

Liczba

chiffre

dodawać

additionner

odejmować

soustraire

mnożyć

multiplier

liczyć

calculer

Litera

lettre

Alfabet

alphabet

Słowo

mot

Tekst

texte

czytać

lire

Kreda

craie

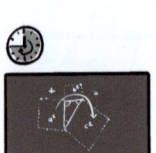

Godzina

leçon

Dziennik lekcyjny

livre de classe

Egzamin

examen

Świadectwo

certificat

Mundurek szkolny

uniforme scolaire

Wykształcenie

formation

Leksykon

lexique

Uniwersytet

université

Mikroskop

microscope

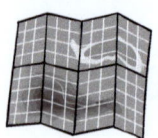

Mapa

carte

Kosz na odpadki

corbeille à papier

Podróż
voyage

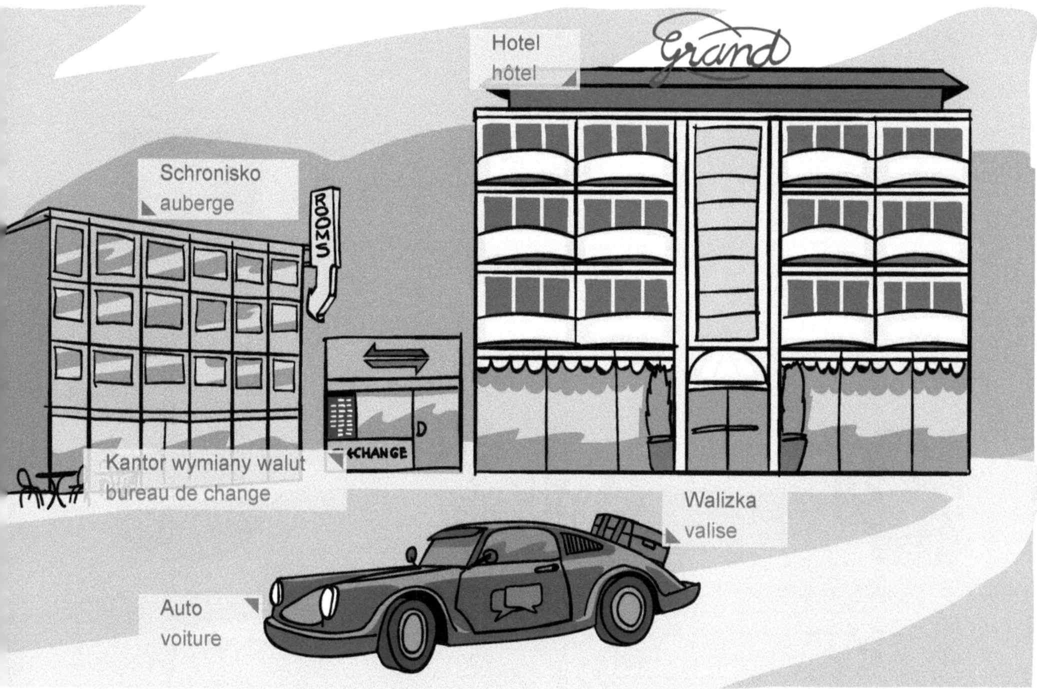

Hotel
hôtel
Grand
Schronisko
auberge
ROOMS
CHANGE
Kantor wymiany walut
bureau de change
Walizka
valise
Auto
voiture

Język
langue

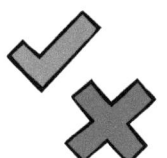

tak / nie
oui / non

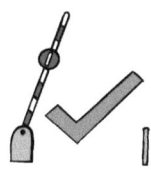

OK
d'accord

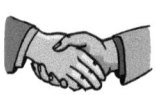

Halo
Salut

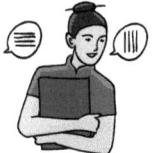

Tłumacz
interprète

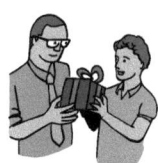

Dziękuję
merci

Ile kosztuje ...?

Combien coûte...?

Nie rozumiem

Je ne comprends pas

Problem

problème

Dobry wieczór!

Bonsoir !

Dzień dobry!

Bonjour !

Dobranoc!

Bonne nuit !

Do widzenia

Au revoir

Kierunek

direction

Bagaż

bagages

Torba

sac

Plecak

sac-à-dos

Gość

hôte

Pokój

pièce

Śpiwór

sac de couchage

Namiot

tente

Informacja turystyczna

office de tourisme

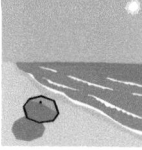

Plaża

plage

Karta kredytowa

carte de crédit

Śniadanie

petit-déjeuner

Obiad

déjeuner

Kolacja

dîner

Bilet

billet

Winda

ascenseur

Znaczek na list

timbre

Granica

frontière

Cło

douane

Ambasada

ambassade

Wiza

visa

Paszport

passeport

Transport

transport

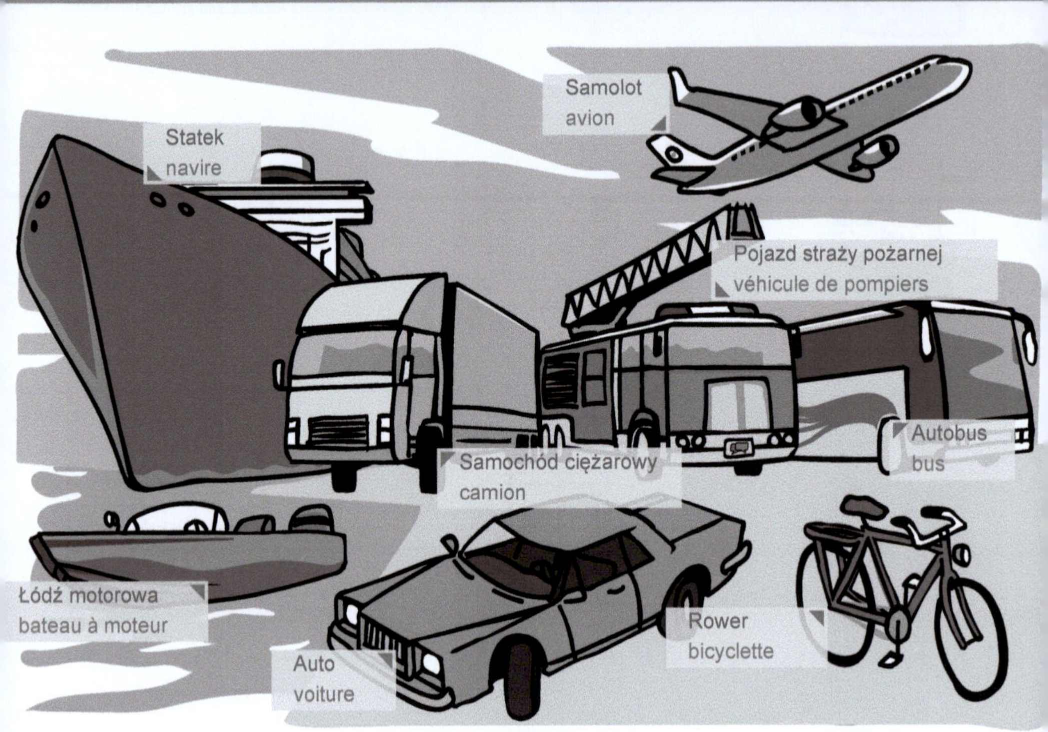

Samolot
avion
Statek
navire
Pojazd straży pożarnej
véhicule de pompiers
Autobus
bus
Samochód ciężarowy
camion
Łódź motorowa
bateau à moteur
Rower
bicyclette
Auto
voiture

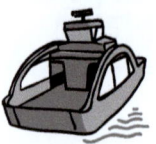

Prom

ferry

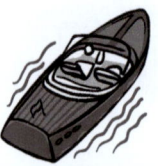

Łódź

barque

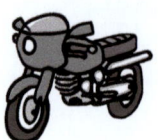

Motocykl

moto

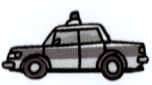

Radiowóz policyjny

voiture de police

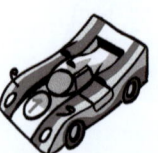

Samochód wyścigowy

voiture de course

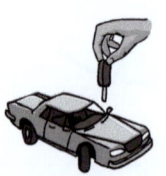

Samochód wypożyczony

voiture de location

Wspólne przejazdy
samochodem

auto-partage

Samochód pomocy
drogowej
voiture de remorquage

Śmieciarka

benne à ordures

Silnik

moteur

Benzyna

essence

Stacja benzynowa

station d'essence

Znak drogowy

panneau indicateur

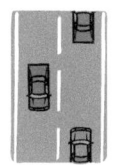

Ruch

trafic

Korek

embouteillage

Parking

parking

Dworzec

gare

Szyny

rails

Pociąg

train

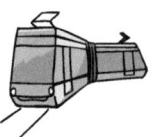

Tramwaj

tramway

Wagon

wagon

Helikopter

hélicoptère

Lotnisko

aéroport

Wieża

tour

Pasażer

passager

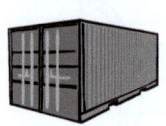

Kontener

conteneur

Karton

carton

Taczka

chariot

Kosz

corbeille

startować / lądować

décoller / atterrir

Miasto

ville

Wieś

village

Centrum miasta

centre-ville

Dom

maison

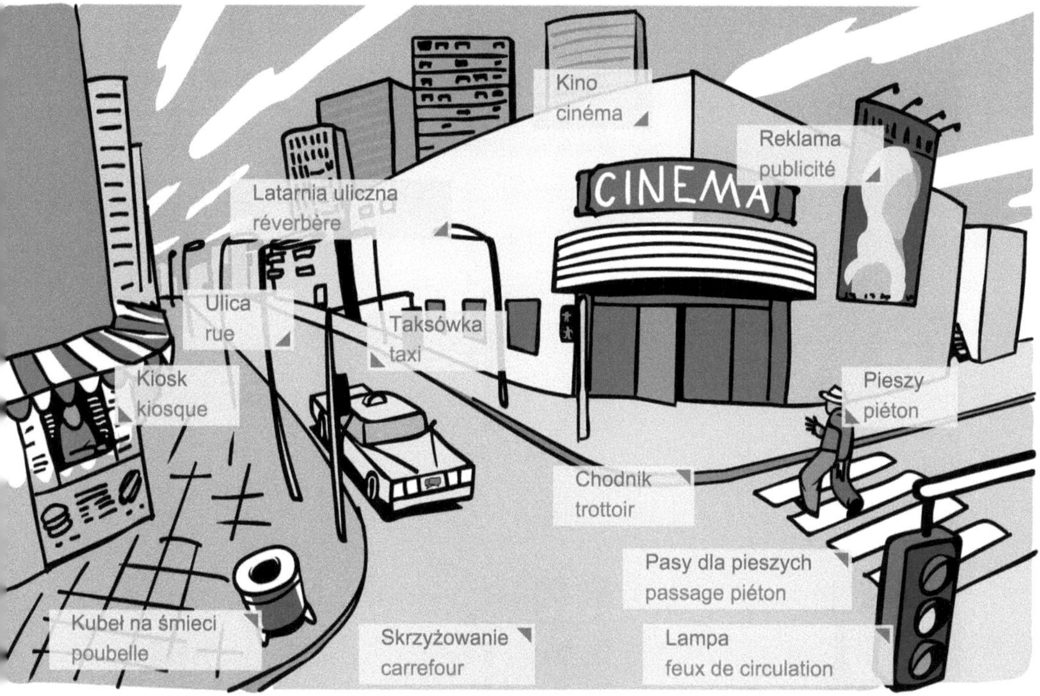

Kino
cinéma

Reklama
publicité

Latarnia uliczna
réverbère

CINEMA

Ulica
rue

Taksówka
taxi

Kiosk
kiosque

Pieszy
piéton

Chodnik
trottoir

Pasy dla pieszych
passage piéton

Kubeł na śmieci
poubelle

Skrzyżowanie
carrefour

Lampa
feux de circulation

Chata

cabane

Mieszkanie

appartement

Dworzec

gare

Ratusz

mairie

Muzeum

musée

Szkoła

école

Uniwersytet

université

Bank

banque

Szpital

hôpital

Hotel

hôtel

Apteka

pharmacie

Biuro

bureau

Księgarnia

librairie

Sklep

magasin

Kwiaciarnia

fleuriste

Supermarket

supermarché

Rynek

marché

Dom towarowy

grand magasin

Sklep z rybami

poissonnerie

Centrum handlowe

centre commercial

Port

port

Park

parc

Ławka

banque

Most

pont

Schody

escaliers

Metro

métro

Tunel

tunnel

Przystanek autobusowy

arrêt de bus

Bar

bar

Restauracja

restaurant

Skrzynka na listy

boîte à lettres

Tabliczka z nazwą ulicy

panneau indicateur

Parkometr

parcmètre

Zoo

zoo

Łaźnia

piscine

Meczet

mosquée

Gospodarstwo chłopskie

ferme

Zanieczyszczenie środowiska

pollution

Cmentarz

cimetière

Kościół

église

Plac zabaw

aire de jeux

Świątynia

temple

Krajobraz

paysage

Liść
feuille

Drogowskaz
panneau indicateur

Droga
chemin

Łąka
pré

Kamień
pierre

Drzewo
arbre

Wędrowiec
randonneur

Rzeka
rivière

Trawa
herbe

Kwiat
fleur

Dolina

vallée

Góra

montagne

Jezioro

lac

Las

forêt

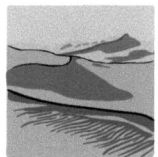

Pustynia

désert

Wulkan

volcan

Zamek

château

Tęcza

arc-en-ciel

Grzyb

champignon

Palma

palmier

Komar

moustique

Mucha

mouche

Mrówka

fourmis

Pszczoła

abeille

Pająk

araignée

Chrząszcz

coléoptère

Żaba

grenouille

Wiewiórka

écureuil

Jeż

hérisson

Zając

lièvre

Sowa

chouette

Ptak

oiseau

Łabędź

cygne

Dzik

sanglier

Jeleń

cerf

Łoś

élan

Tama

barrage

Wiatrak

éolienne

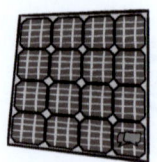

Moduł solarny

panneau solaire

Klimat

climat

Restauracja
restaurant

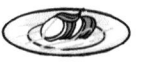

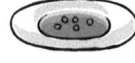

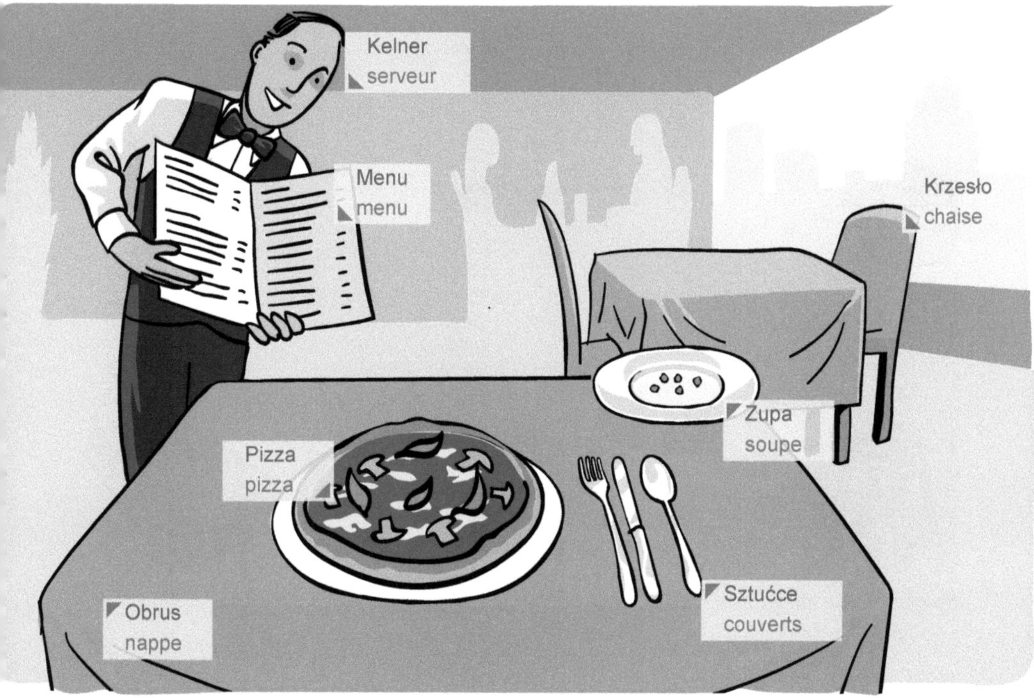

Kelner
serveur
Menu
menu
Krzesło
chaise
Zupa
soupe
Pizza
pizza
Obrus
nappe
Sztućce
couverts

Przystawka

hors d'œuvre

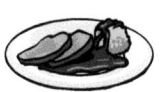

Danie główne

plat principal

Deser

dessert

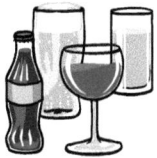

Napoje

boissons

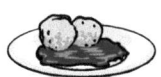

Jedzenie

alimentation

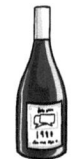

Butelka

bouteille

Fastfood

fast-food

Streetfood

plats à emporter

Dzbanek na herbatę

théière

Cukierniczka

sucrier

Porcja

portion

Zaparzarka do espresso

machine à expresso

Krzesło dla dziecka

chaise haute

Rachunek

facture

Taca

plateau

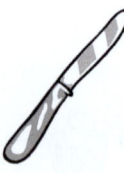

Noż

couteau

Widelec

fourchette

Łyżka

cuillère

Łyżeczka

cuillère à thé

Serwetka

serviette

Szklanka

verre

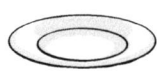

Talerz

assiette

Talerz do zupy

assiette à soupe

Podstawek pod filiżankę

soucoupe

Sos

sauce

Solniczka

salière

Młynek do pieprzu

moulin à poivre

Ocet

vinaigre

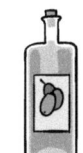

Olej

huile

Przyprawy

épices

Keczup

ketchup

Musztarda

moutarde

Majonez

mayonnaise

Supermarket
supermarché

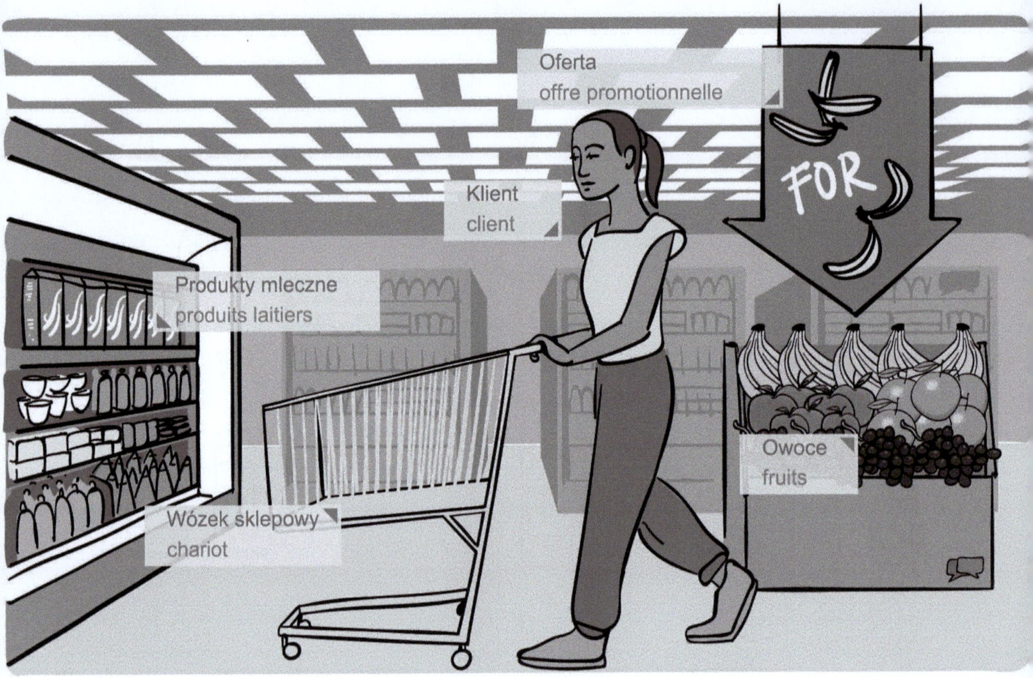
Oferta
offre promotionnelle
FOR
Klient
client
Produkty mleczne
produits laitiers
Owoce
fruits
Wózek sklepowy
chariot

BUTCHERS

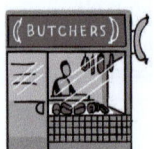

Rzeźnia

boucherie

BAKERY

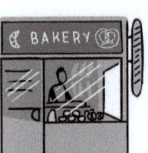

Piekarnia

boulangerie

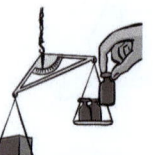

ważyć

peser

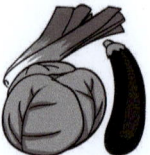

Warzywa

légumes

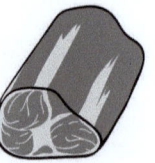

Mięso

viande

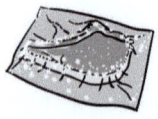

Mrożonki

aliments surgelés

Wędliny

charcuterie

Konserwy

conserves

Proszek m do prania

poudre à lessive

Słodycze

bonbons

Artykuły użytku domowego

articles ménagers

Środek czyszczący

détergents

Sprzedawczyni

vendeuse

Kasa

caisse

Kasjer

caissier

Lista zakupów

liste d'achats

Godziny otwarcia

heures d'ouverture

Portfel

portefeuille

Karta kredytowa

carte de crédit

Torba

sac

Torebka plastikowa

sac en plastique

Napoje
boissons

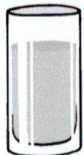

Woda

eau

Sok

jus de fruit

Mleko

lait

Cola

coca

Wino

vin

Piwo

bière

Alkohol

alcool

Kakao

chocolat chaud

Herbata

thé

Kawa

café

Espresso

expresso

Cappuccino

cappuccino

Banan

banane

Jabłko

pomme

Pomarańcza

orange

Arbuz

melon

Cytryna

citron

Marchew

carotte

Czosnek

ail

Bambus

bambou

Cebula

oignon

Grzyb

champignon

Orzechy

noisettes

Makaron

pâtes

Spaghetti

spaghetti

Ryż

riz

Sałatka

salade

Frytki

pommes frites

Ziemniaki pieczone

pommes de terre rôties

Pizza

pizza

Hamburger

hamburger

Kanapka

sandwich

Sznycel

escalope

Szynka

jambon

Salami

salami

Kiełbasa

saucisse

Kura

poulet

Pieczeń

rôti

Ryba

poisson

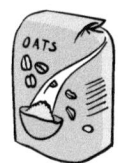

Płatki owsiane

flocons d'avoine

Musli

muesli

Płatki kukurydziane

cornflakes

Mąka

farine

Croissant

croissant

Bułka

petits-pains

Chleb

pain

Toast

pain grillé

Ciastka

biscuits

Masło

beurre

Twarożek

le fromage blanc

Ciasto

gâteau

Jajko

œuf

Jajko sadzone

œuf au plat

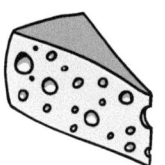

Ser

fromage

Lody

glace

Cukier

sucre

Miód

miel

Marmolada

confiture

Krem nugatowy

crème nougat

Curry

curry

Gospodarstwo chłopskie
ferme

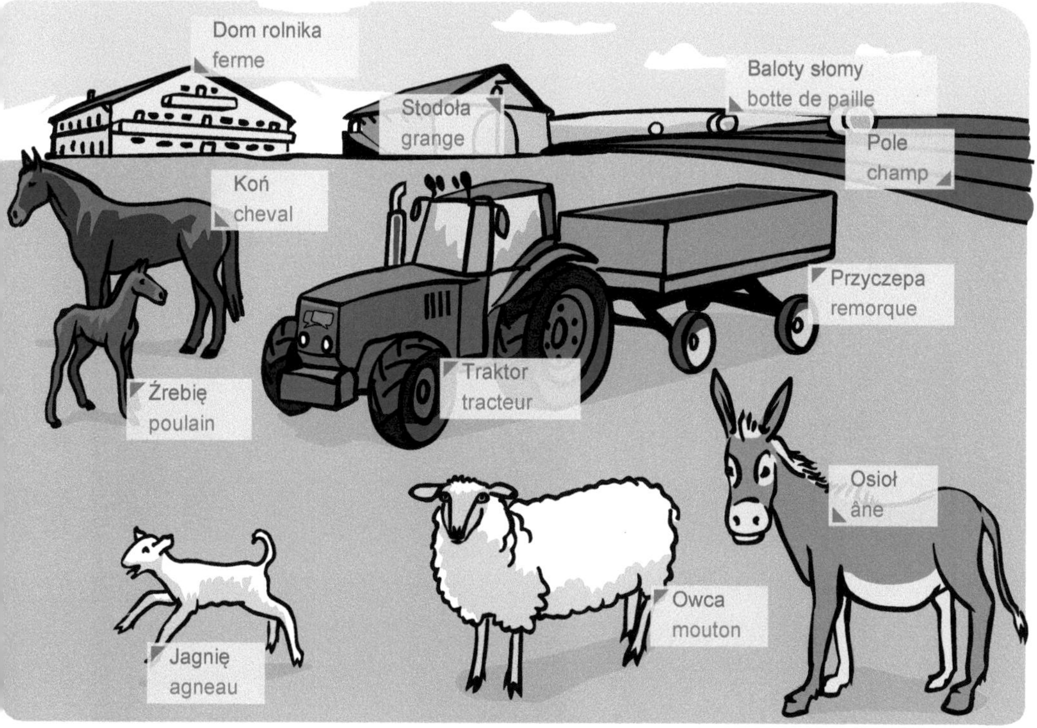

Dom rolnika
ferme
Stodoła
grange
Baloty słomy
botte de paille
Pole
champ
Koń
cheval
Przyczepa
remorque
Traktor
tracteur
Źrebię
poulain
Osioł
âne
Owca
mouton
Jagnię
agneau

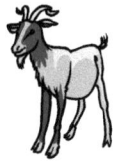

Koza
chèvre

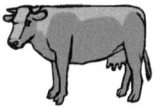

Krowa
vache

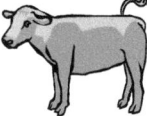

Cielę
veau

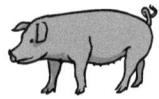

Świnia
porc

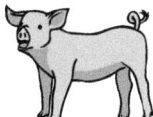

Prosię
porcelet

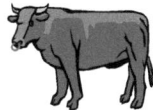

Byk
taureau

Gęś

oie

Kaczka

canard

Kurczątko

poussin

Kura

poule

Kogut

coq

Szczur

rat

Kot

chat

Mysz

souris

Osioł

bœuf

Pies

chien

Buda dla psa

chenil

Wąż ogrodowy

tuyau de jardin

Konewka

arrosoir

Kosa

faucheuse

Pług

charrue

Sierp

faucille

Graca

pioche

Widły

fourche

Siekiera

hache

Taczka

brouette

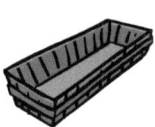

Koryto

cuve

Kanka na mleko

pot à lait

Worek

sac

Płot

clôture

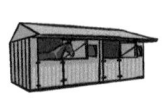

Stajnia

étable

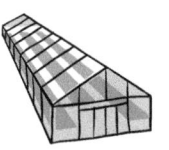

Szklarnia

serre

Ziemia

sol

Nasiona

semences

Nawóz

engrais

Kombajn zbożowy

moissonneuse-batteuse

zbierać

récolter

Żniwa

récolte

Podchrzyn

igname

Pszenica

blé

Soja

soja

Ziemniak

pomme de terre

Kukurydza

maïs

Rzepak

colza

Drzewo owocowe

arbre fruitier

Maniok

manioc

Zboże

céréales

Dom
maison

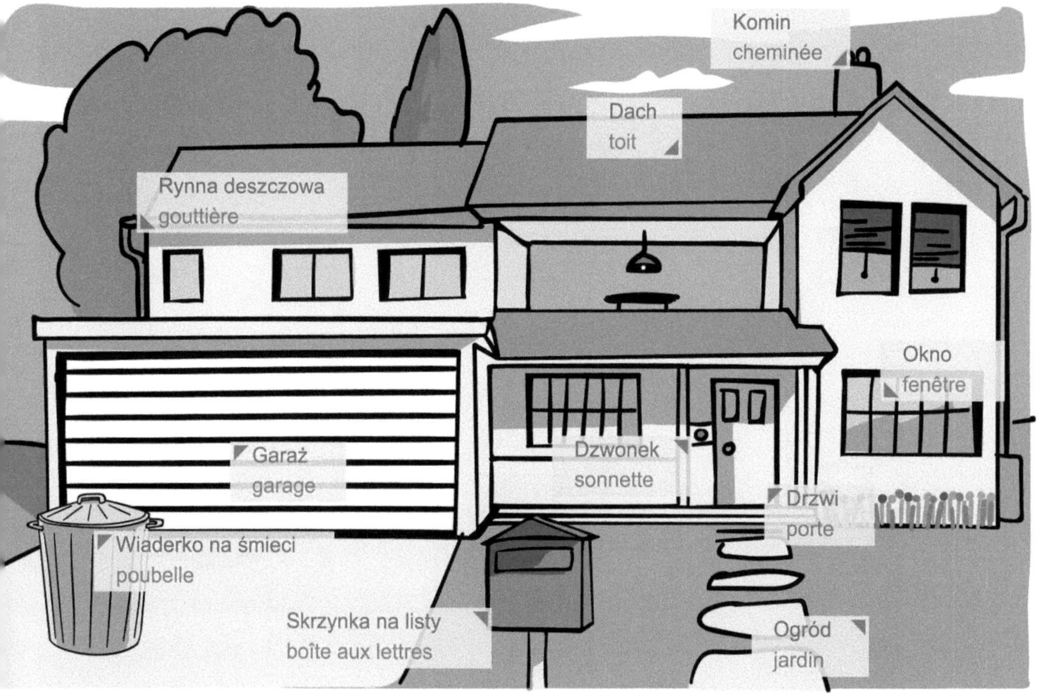
Komin
cheminée
Dach
toit
Rynna deszczowa
gouttière
Okno
fenêtre
Garaż
garage
Dzwonek
sonnette
Drzwi
porte
Wiaderko na śmieci
poubelle
Skrzynka na listy
boîte aux lettres
Ogród
jardin

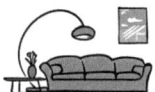

Pokój dzienny

salon

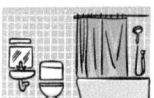

Łazienka

salle de bain

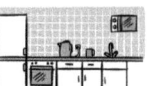

Kuchnia

cuisine

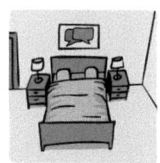

Sypialnia

chambre à coucher

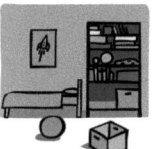

Pokój dziecięcy

chambre d'enfant

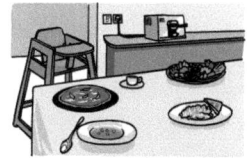

Jadalnia

salle à manger

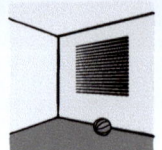

Ziemia

sol

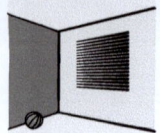

Ściana

mur

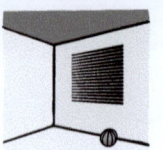

Koc

plafond

Piwnica

cave

Sauna

sauna

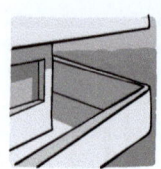

Balkon

balcon

Taras

terrasse

Basen

piscine

Kosiarka do trawy

tondeuse à gazon

Poszwa

housse

Kołdra

couette

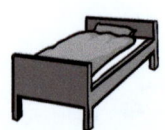

Łóżko

lit

Miotła

balai

Wiadro

sceau

Włącznik

interrupteur

Pokój dzienny
salon

Tapeta
papier peint
Obraz
image
Lampa
lampe
Regał
étagère
Szafa
armoire
Telewizor
télé
Komin
cheminée
Kwiat
fleur
Poduszka
coussin
Kanapa
sofa
Wazon
vase
Pilot
télécommande

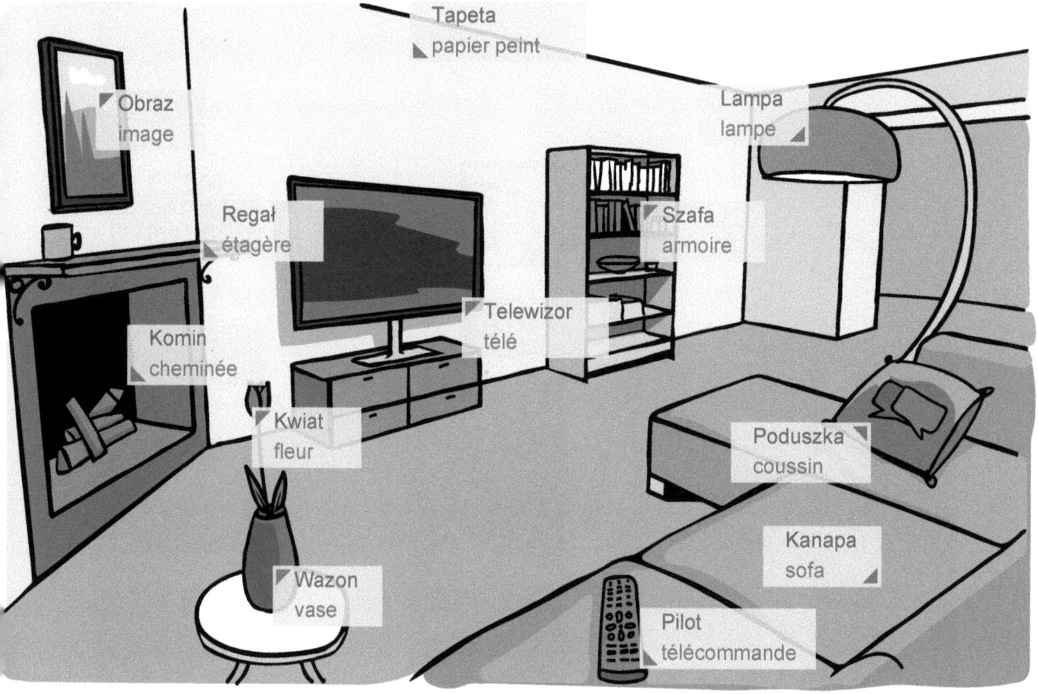

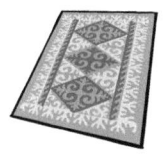

Dywan

tapis

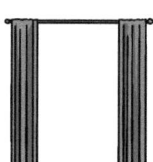

Zasłona

rideau

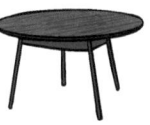

Stół

table

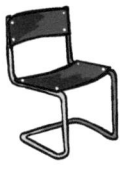

Krzesło

chaise

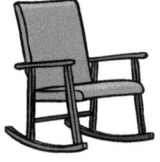

Bujak

chaise à bascule

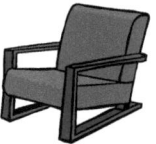

Fotel

fauteuil

Książka

livre

Sufit

couverture

Dekoracja

décoration

Drewno kominkowe

bois de chauffage

Film

film

Instalacja stereo

chaîne hi-fi

Klucz

clé

Gazeta

journal

Malunek

peinture

Plakat

poster

Radio

radio

Notatnik

bloc-notes

Odkurzacz

aspirateur

Kaktus

cactus

Świeczka

bougie

Kuchnia
cuisine

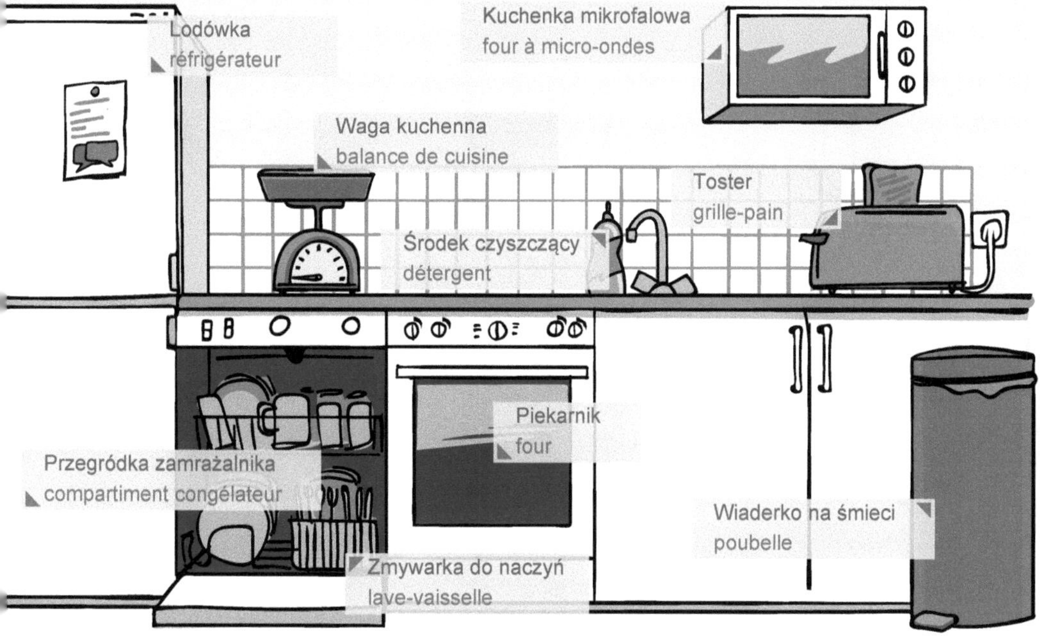

Lodówka
réfrigérateur
Kuchenka mikrofalowa
four à micro-ondes
Waga kuchenna
balance de cuisine
Toster
grille-pain
Środek czyszczący
détergent
Piekarnik
four
Przegródka zamrażalnika
compartiment congélateur
Wiaderko na śmieci
poubelle
Zmywarka do naczyń
lave-vaisselle

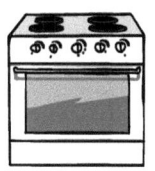

Kuchenka

four

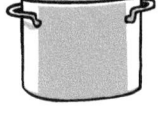

Garnek

casserole

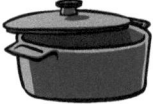

Kocioł żeliwny

marmite

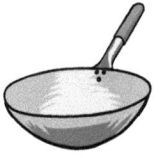

Wok / Kadai

wok / kadai

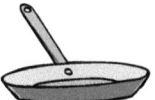

Patelnia

poêle

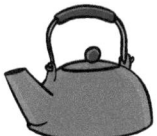

Czajnik

bouilloire electrique

Parowar

cuiseur vapeur

Blacha do pieczenia

plaque de cuisson

Naczynia kuchenne

vaisselle

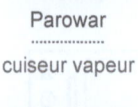

Kubek

gobelet

Miska

coupe

Pałeczki

baguettes

Nabierka

louche

Łopatka do smażenia

spatule

Trzepaczka do śmietany

fouet

Cedzak

passoire

Sitko

tamis

Tarka

râpe

Moździerz

mortier

Grillowanie

barbecue

Palenisko

cheminée

Deska

planche à découper

Wałek do ciasta

rouleau à pâtisserie

Korkociąg

tire-bouchon

Puszka

boîte

Otwieracz do puszek

ouvre-boîte

Ściereczka do trzymania garnka

maniques

Umywalka

lavabo

Szczotka

brosse

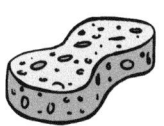

Gąbka

éponge

Mikser

mixeur

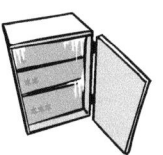

Zamrażarka

congélateur

Butelka dla niemowlęcia

biberon

Kran

robinet

Łazienka
salle de bain

Ogrzewanie
chauffage
Ręcznik
serviette
Prysznic
douche
Kotara prysznicowa
rideau de douche
Płyn do kąpieli
bain moussant
Wanna kąpielowa
baignoire
Szklanka
verre
Pralka
machine à laver
Kran
robinet
Kafelki
carrelage
Nocnik
pot
Umywalka
lavabo

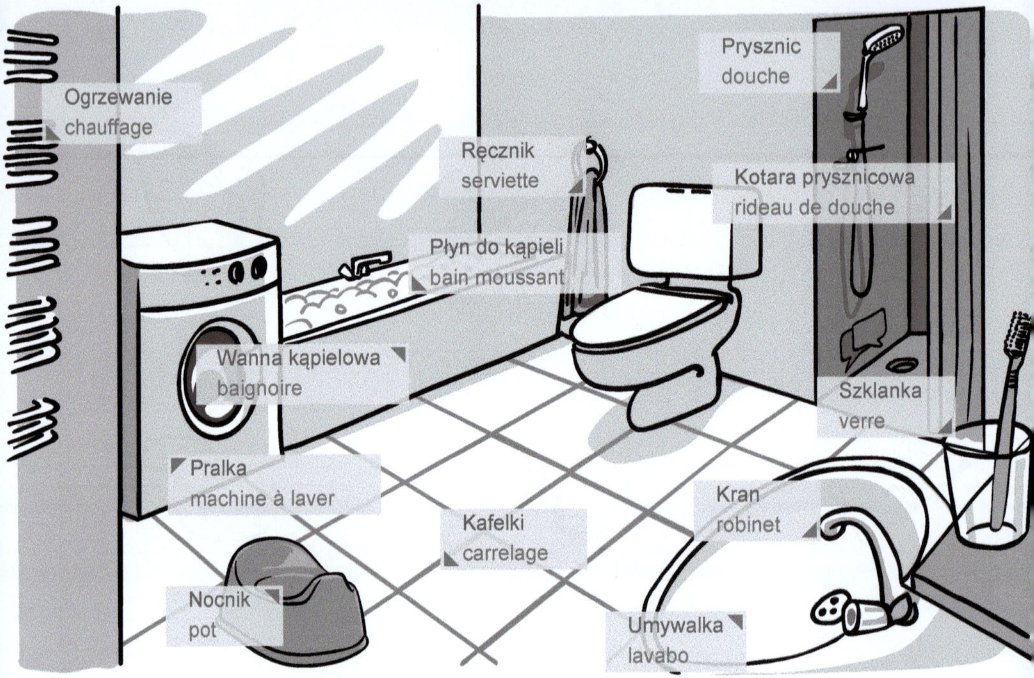

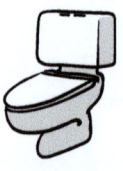

Toaleta
toilettes

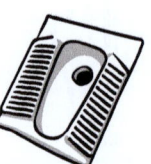

Toaleta kuczna
toilette à la turque

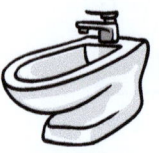

Bidet
bidet

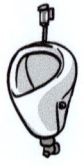

Pisuar
urinoir

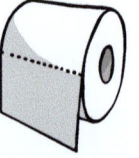

Papier toaletowy
papier toilette

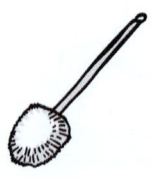

Szczotka toaletowa
brosse à toilette

Szczoteczka do zębów

brosse à dents

Pasta do zębów

dentifrice

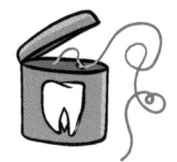

Nitki do czyszczenia zębów

fil dentaire

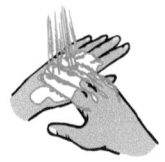

myć

laver

Głowica prysznicowa

douche manuelle

Płyn kąpielowy do higieny intymnej

douche intime

Miska do mycia

vasque

Szczotka kąpielowa

brosse dorsale

Mydło

savon

Żel prysznicowy

gel douche

Szampon

shampooing

Rękawica kąpielowa

gant de toilette

Odpływ

écoulement

Krem

crème

Dezodorant

déodorant

Lustro

miroir

Lustro kosmetyczne

miroir cosmétique

Golarka

rasoir

Pianka do golenia

mousse à raser

Woda po goleniu

après-rasage

Grzebień

peigne

Szczotka

brosse

Suszarka do włosów

sèche-cheveux

Spray do włosów

laque pour cheveux

Makijaż

fond de teint

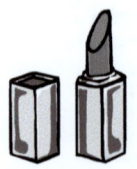

Pomadka

rouge à lèvres

Lakier do paznokci

vernis à ongles

Wata

ouate

Nożyczki do paznokci

coupe-ongles

Perfum

parfum

Kosmetyczka

trousse de toilette

Taboret

tabouret

Waga

pèse-personne

Szlafrok kąpielowy

peignoir

Rękawice gumowe

gants de nettoyage

Tampon

tampon

Podpaska damska

serviettes hygiéniques

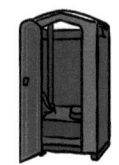

Toaleta chemiczna

toilette chimique

Pokój dziecięcy
chambre d'enfant

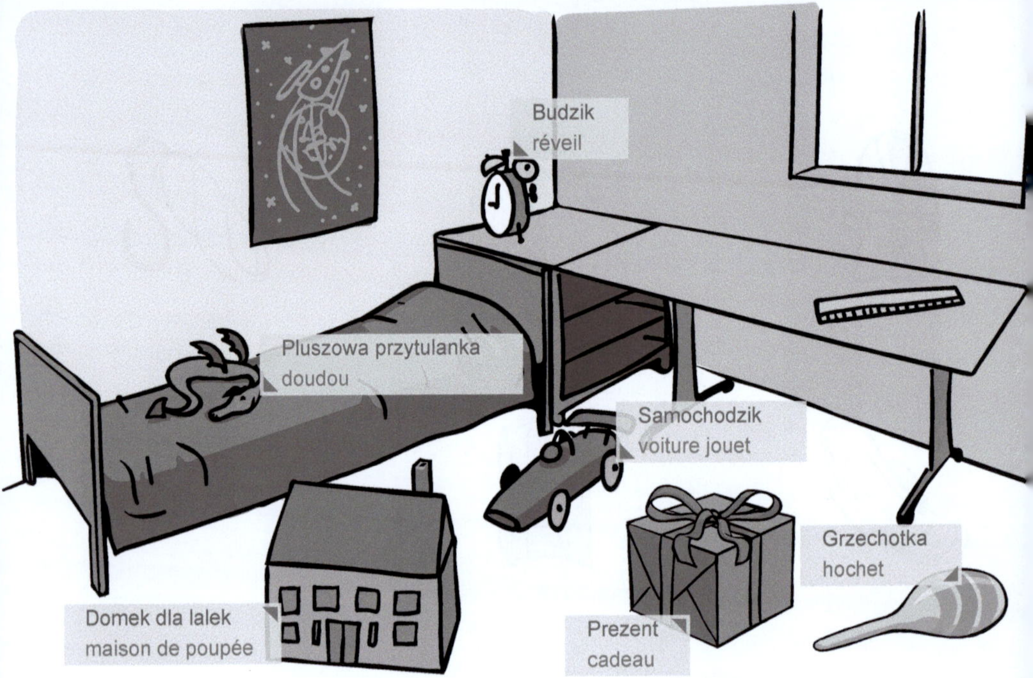

Budzik
réveil

Pluszowa przytulanka
doudou

Samochodzik
voiture jouet

Grzechotka
hochet

Domek dla lalek
maison de poupée

Prezent
cadeau

Balon

ballon

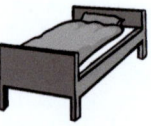

Łóżko

lit

Wózek dziecięcy

poussette

Gra w karty

jeu de cartes

Puzzle

puzzle

Komiks

bande dessinée

Klocki lego

pièces lego

Klocki

blocs de construction

Action figura

figurine

Śpioszek dziecięcy

grenouillère

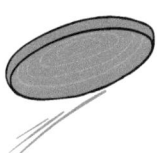

Frisbee

frisbee

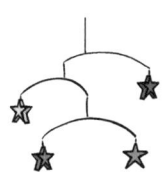

Zabawki ruchome

mobile

Gra planszowa

jeu de société

Kości

dé

Kolejka elektryczna

train miniature

Smoczek

sucette

Przyjęcie

fête

Książka z ilustracjami

livre d'images

Piłka

balle

Lalka

poupée

bawić się

jouer

Piaskownica

bac à sable

Huśtawka

balançoire

Zabawki

jouets

Konsola do gier

console de jeu

Rowerek trójkołowy

tricycle

Pluszowy miś

ours en peluche

Szafa ubraniowa

armoire

Ubiór

vêtements

Skarpety

chaussettes

Pończochy

bas

Rajstopy

collant

Szal
écharpe

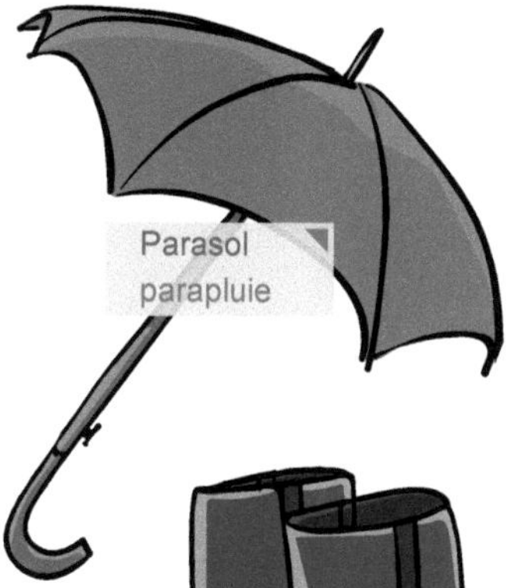

Parasol
parapluie

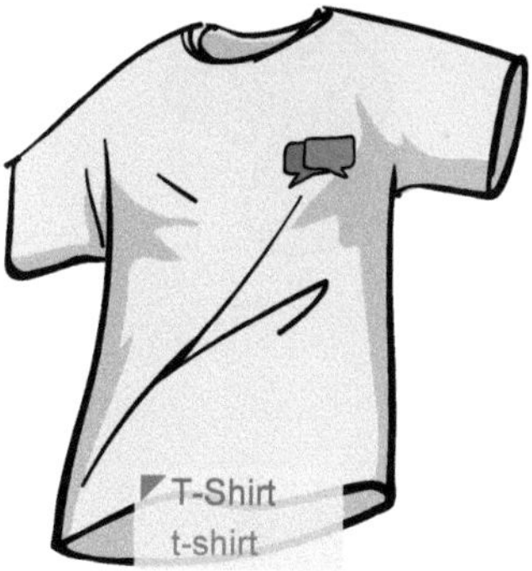

T-Shirt
t-shirt

Pasek
ceinture

Kozaki
bottes

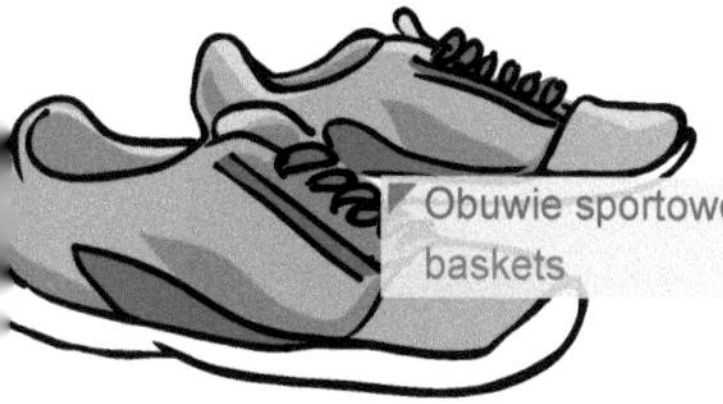

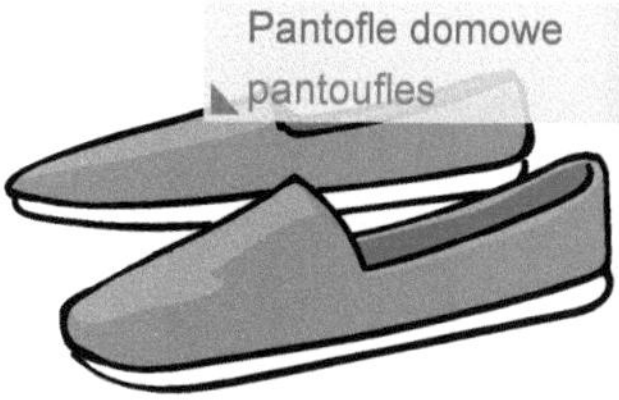

Pantofle domowe
pantoufles

Obuwie sportowe
baskets

Sandały

sandales

Buty

chaussures

Kalosze

bottes de caoutchouc

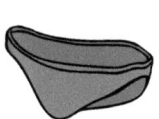

Majtki

sous-vêtements

Biustonosz

soutien-gorge

Podkoszulek

maillot de corps

Body

body

Spodnie

pantalon

Dżins

jean

Spódnica

jupe

Bluzka

chemisier

Koszula

chemise

Pulower

pull

Bluza sportowa

sweat à capuche

Marynarka

veste

Kurtka

veste

Płaszcz

manteau

Płaszcz przeciwdeszczowy

imperméable

Kostium

costume

Sukienka

robe

Suknia ślubna

robe de mariée

Garnitur męski

costume

Koszula nocna

chemise de nuit

Piżama

pyjama

Sari

sari

Chusta na głowę

foulard

Turban

turban

Burka

burqa

Kaftan

caftan

Abaya

abaya

Strój kąpielowy

maillot de bain

Kąpielówki

maillot de bain

Krótkie spodnie

short

Dres sportowy

tenue d'entraînement

Fartuch

tablier

Rękawiczki

gants

Guzik

bouton

Okulary

lunettes

Bransoletka

bracelet

Łańcuszek

collier

Pierścionek

bague

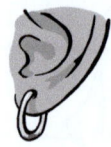

Kolczyk

boucle d'oreille

Czapka

bonnet

Wieszak

cintre

Kapelusz

chapeau

Krawat

cravate

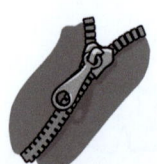

Zamek błyskawiczny

fermeture éclair

Kask

casque

Szelki

bretelles

Mundurek szkolny

uniforme scolaire

Mundur

uniforme

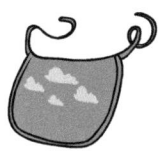

Śliniaczek

bavoir

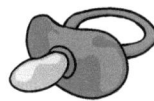

Smoczek

sucette

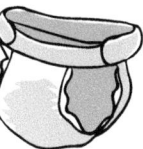

Pieluszka

lange

Biuro
bureau

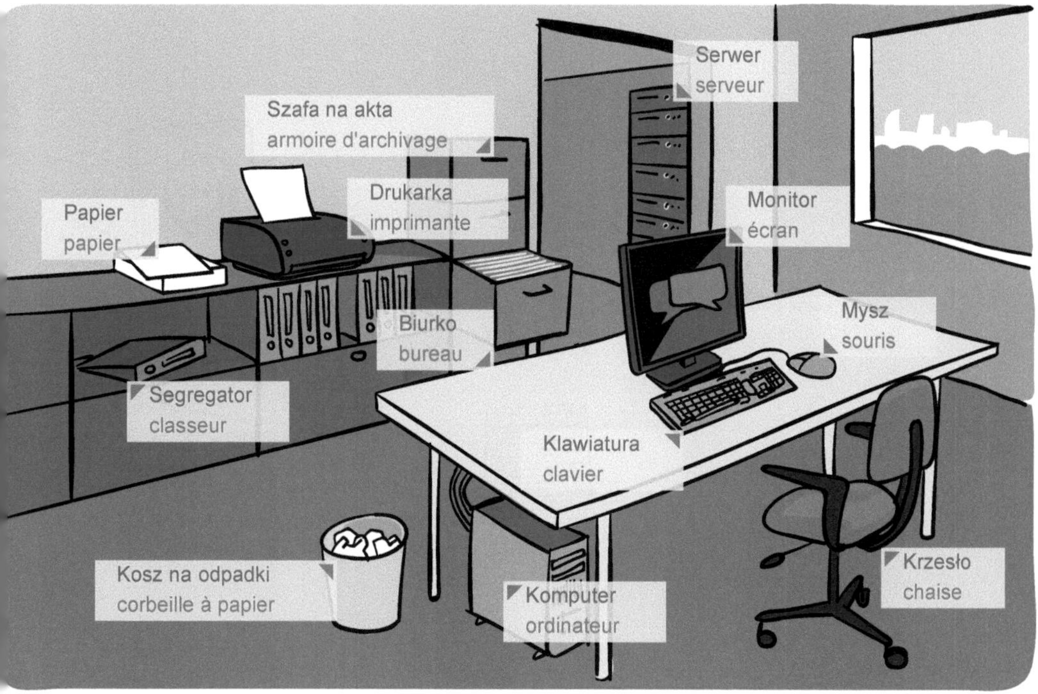
Serwer
serveur
Szafa na akta
armoire d'archivage
Drukarka
imprimante
Papier
papier
Monitor
écran
Biurko
bureau
Mysz
souris
Segregator
classeur
Klawiatura
clavier
Kosz na odpadki
corbeille à papier
Krzesło
chaise
Komputer
ordinateur

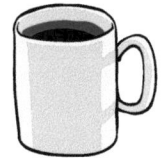

Filiżanka do kawy

tasse de café

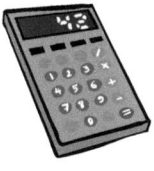

Kalkulator

calculatrice

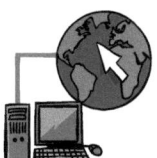

Internet

internet

Laptop	List	Wiadomość
ordinateur portable	lettre	message

Komórka	Sieć	Kopiarka
portable	réseau	photocopieuse

Oprogramowanie	Telefon	Gniazdko
logiciel	téléphone	prise

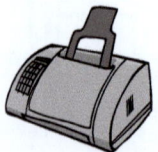  

Faks	Formularz	Dokument
fax	formulaire	document

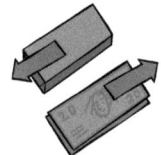

kupić
acheter

płacić
payer

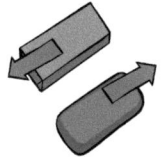

postępować
faire du commerce

Pieniądze
monnaie

Dolar
dollar

Euro
euro

Jen
yen

Rubel
rouble

Frank
franc suisse

Juan Renminbi
renminbi yuan

Rupia
roupie

Bankomat
distributeur automatique

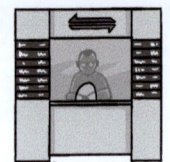

Kantor wymiany walut

bureau de change

Złoto

or

Srebro

argent

Olej

pétrole

Energia

énergie

Cena

prix

Umowa

contrat

Podatek

taxe

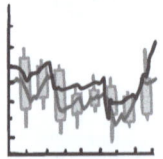

Akcja

action

pracować

travailler

Pracownik umysłowy

employé

Pracodawca

employeur

Fabryka

usine

Sklep

magasin

Zawody
professions

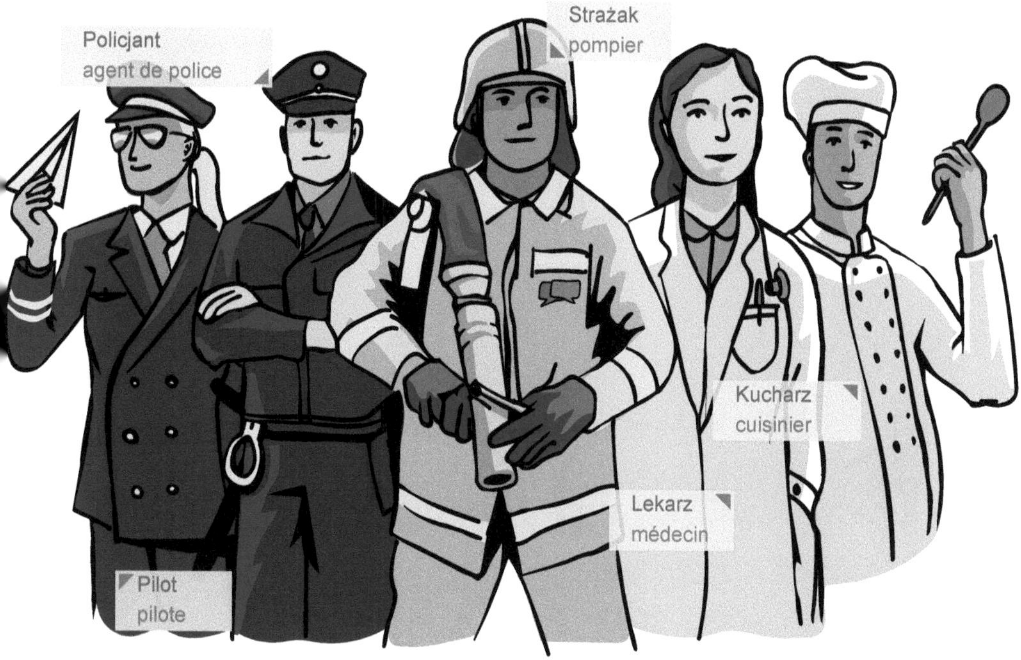

Policjant
agent de police
Strażak
pompier
Kucharz
cuisinier
Lekarz
médecin
Pilot
pilote

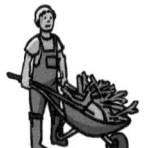

Ogrodnik

jardinier

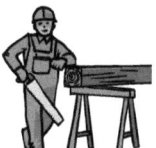

Stolarz

menuisier

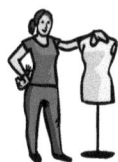

Krawcowa

couturière

Sędzia

juge

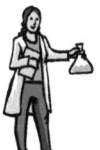

Chemik

chimiste

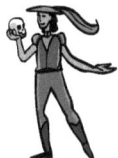

Aktor

acteur

Kierowca autobusu

conducteur de bus

Taksówkarz

chauffeur de taxi

Fischer

pêcheur

Sprzątaczka

femme de ménage

Dekarz

couvreur

Kelner

serveur

Myśliwy

chasseur

Malarz

peintre

Piekarz

boulanger

Elektryk

électricien

Robotnik budowlany

ouvrier

Inżynier

ingénieur

Rzeźnik

boucher

Instalator

plombier

Listonosz

facteur

Żołnierz

soldat

Architekt

architecte

Kasjer

caissier

Florysta

fleuriste

Fryzjer

coiffeur

Konduktor

contrôleur

Mechanik

mécanicien

Kapitan

capitaine

Dentysta

dentiste

Naukowiec

scientifique

Rabin

rabbin

Imam

imam

Mnich

moine

Proboszcz

prêtre

Narzędzia

outils

Młotek
marteau
Szczypce
pinces
Wkrętak
tournevis
Klucz do śrub
clé
Latarka
torche

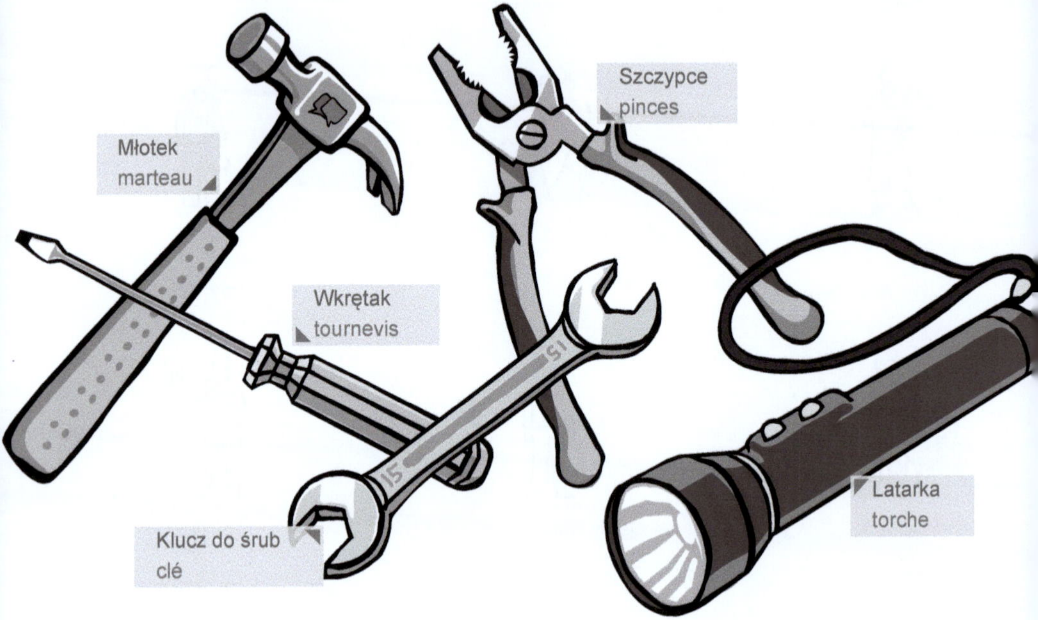

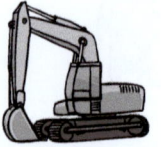

Koparka

pelleteuse

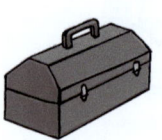

Skrzynka narzędziowa

boîte à outils

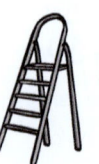

Drabina

échelle

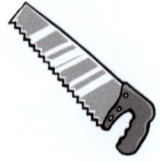

Piła

scie

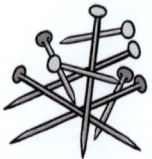

Gwoździe

clous

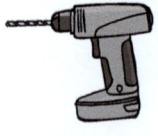

Wiertło

perceuse

naprawić

réparer

Łopatka

pelle

Cholera!

Mince !

Szufelka

pelle

Puszka z farbą

pot de peinture

Śruby

vis

Instrumenty muzyczne
instruments de musique

Perkusja
batterie

Głośnik
haut-parleurs

Gitara
guitare

Kontrabas
contrebasse

Trąbka
trompette

Pianino

piano

Skrzypce

violon

Bas

basse

Kotły

timbales

Bęben

tambour

Keyboard

piano électrique

Saksofon

saxophone

Flet

flûte

Mikrofon

microphone

Zoo

zoo

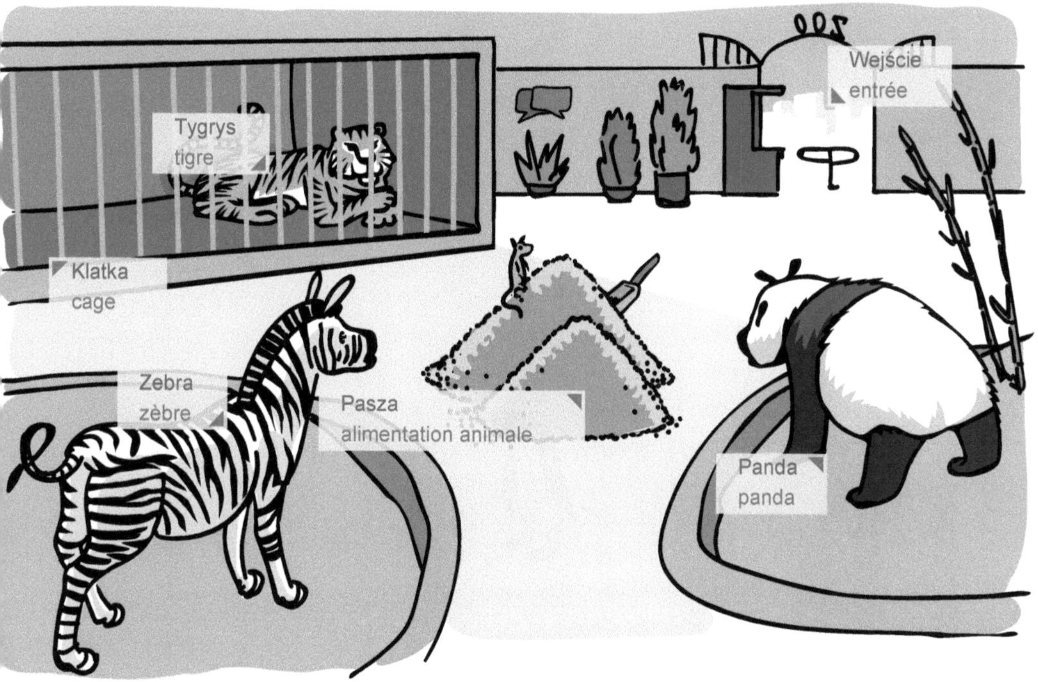
Tygrys
tigre
Wejście
entrée
Klatka
cage
Zebra
zèbre
Pasza
alimentation animale
Panda
panda

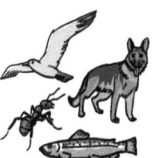

Zwierzęta

animaux

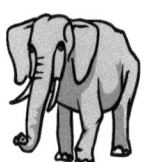

Słoń

éléphant

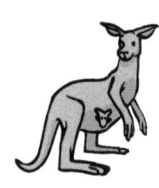

Kangur

kangourou

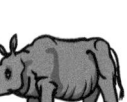

Nosorożec

rhinocéros

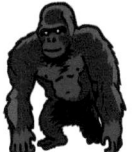

Goryl

gorille

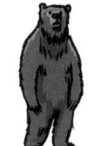

Niedźwiedź

ours

Wielbłąd

chameau

Struś

autruche

Lew

lion

Małpa

singe

Fleming

flamand rose

Papuga

perroquet

Niedźwiedź polarny

ours polaire

Pingwin

pingouin

Rekin

requin

Paw

paon

Wąż

serpent

Krokodyl

crocodile

Dozorca w zoo

gardien de zoo

Foka

phoque

Jaguar

jaguar

Kucyk

poney

Gepard

léopard

Hipopotam

hippopotame

Żyrafa

girafe

Orzeł

aigle

Dzik

sanglier

Ryba

poisson

Żółw

tortue

Mors

morse

Lis

renard

Gazela

gazelle

Futbol amerykański
american Football

Kolarstwo
cyclisme

Tenis
tennis

Koszykówka
basket-ball

Pływanie
natation

Hokej na lodzie
hockey sur glace

Boks
boxe

Piłka nożna
football

Badminton
badminton

Lekka atletyka
athlétisme

Piłka ręczna
handball

Narciarstwo
ski

Polo
polo

śmiać się
rire

skakać
sauter

objąć
embrasser

iść
marcher

śpiewać
chanter

marzyć
rêver

modlić się
prier

całować
faire la bise

pisać
écrire

rysować
dessiner

pokazywać
montrer

nacisnąć
pousser

dać
donner

wziąć
prendre

mieć

avoir

robić

faire

być

être

stać

être debout

biegać

courir

ciągnąć

trier

rzucać

jeter

spaść

tomber

leżeć

être couché

czekać

attendre

nosić

porter

siedzieć

être assis

zakładać

s'habiller

spać

dormir

budzić się

se réveiller

spojrzeć

regarder

płakać

pleurer

głaskać

caresser

czesać się

peigner

mówić

parler

rozumieć

comprendre

pytać

demander

słyszeć

écouter

pić

boire

jeść

manger

sprzątać

ranger

kochać

aimer

gotować

cuire

jechać

conduire

latać

voler

żeglować

faire de la voile

liczyć

calculer

czytać

lire

uczyć się

apprendre

pracować

travailler

wejść w związek małżeński

se marier

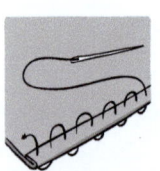

szyć

coudre

myć zęby

brosser les dents

zabić

tuer

palić tytoń

fumer

wysłać

envoyer

Rodzina
famille

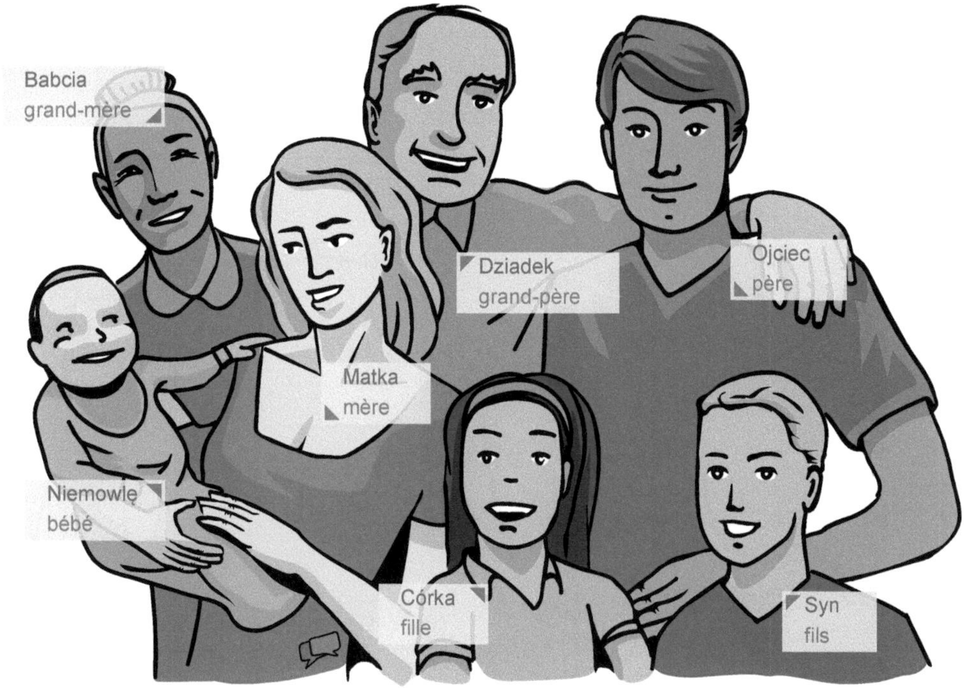

Babcia
grand-mère
Dziadek
grand-père
Ojciec
père
Matka
mère
Niemowlę
bébé
Córka
fille
Syn
fils

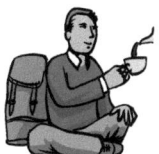

Gość

hôte

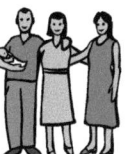

Ciotka

tante

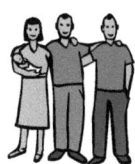

Wujek

oncle

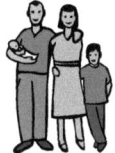

Brat

frère

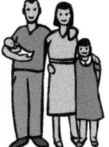

Siostra

sœur

Ciało

corps

Czoło
front
Oko
œil
Ramię
épaule
Palec
doigt
Twarz
visage
Broda
menton
Ręka
main
Noga
jambe
Pierś
poitrine
Ramię
bras

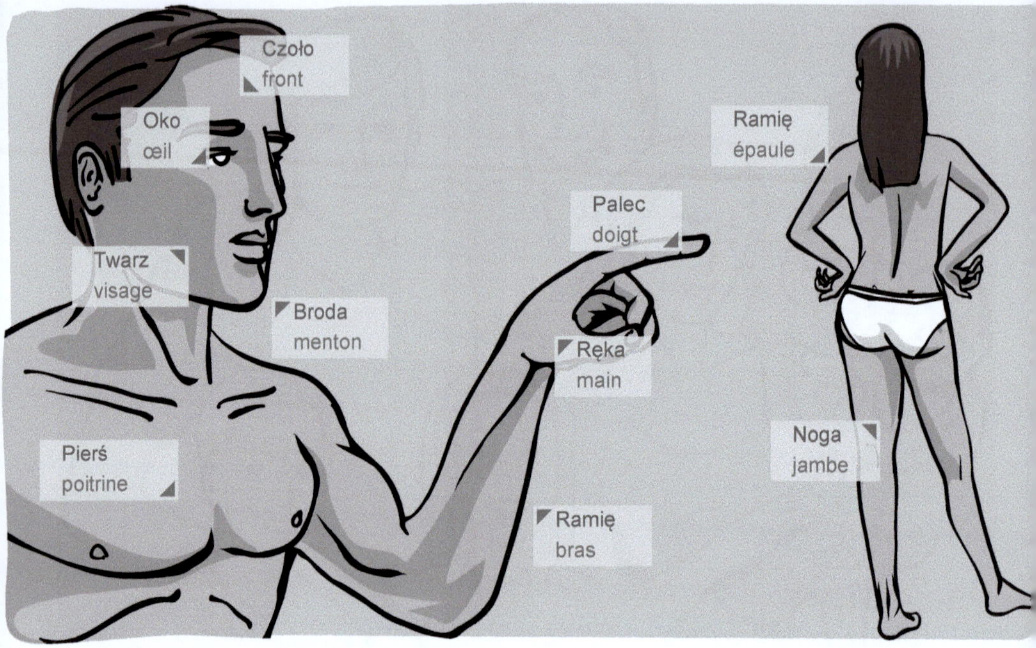

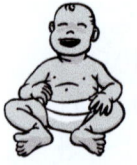

Niemowlę

bébé

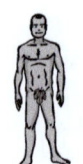

Mężczyzna

homme

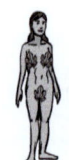

Kobieta

femme

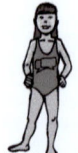

Dziewczyna

fille

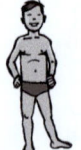

Chłopiec

garçon

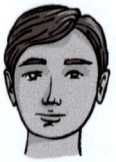

Głowa

tête

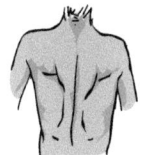

Plecy

dos

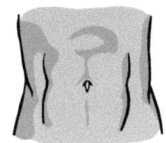

Brzuch

ventre

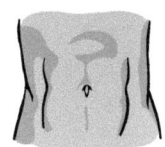

Pępek

nombril

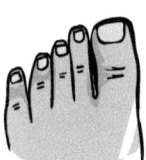

palec nogi

orteil

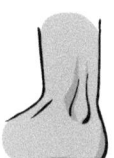

Pięta

talon

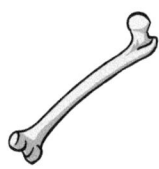

Kość

os

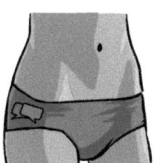

Biodro

hanche

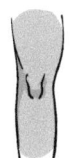

Kolano

genou

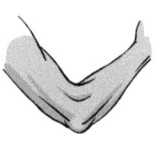

Łokieć

coude

Nos

nez

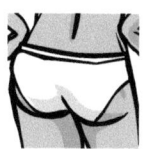

Pośladki

fesses

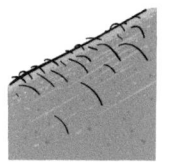

Skóra

peau

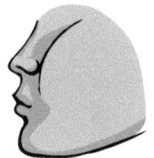

Policzek

joue

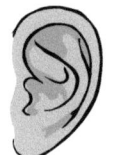

Uszy

oreille

Warga

lèvre

Usta

bouche

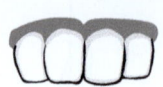

Ząb

dent

Język

langue

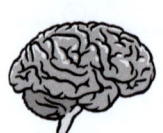

Mózg

cerveau

Serce

cœur

Mięsień

muscle

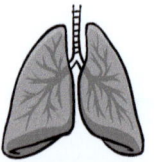

Płuca

poumons

Wątroba

foie

Żołądek

estomac

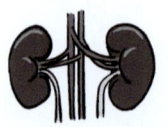

Nerki

reins

Stosunek płciowy

rapport sexuel

Kondom

préservatif

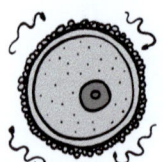

Komórka jajowa

ovule

Sperma

sperme

Ciąża

grossesse

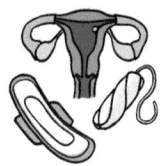

Menstruacja

menstruation

Wagina

vagin

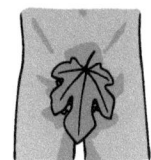

Penis

pénis

Brew

sourcil

Włosy

cheveux

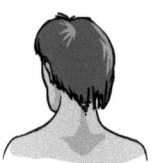

Szyja

cou

Szpital
hôpital

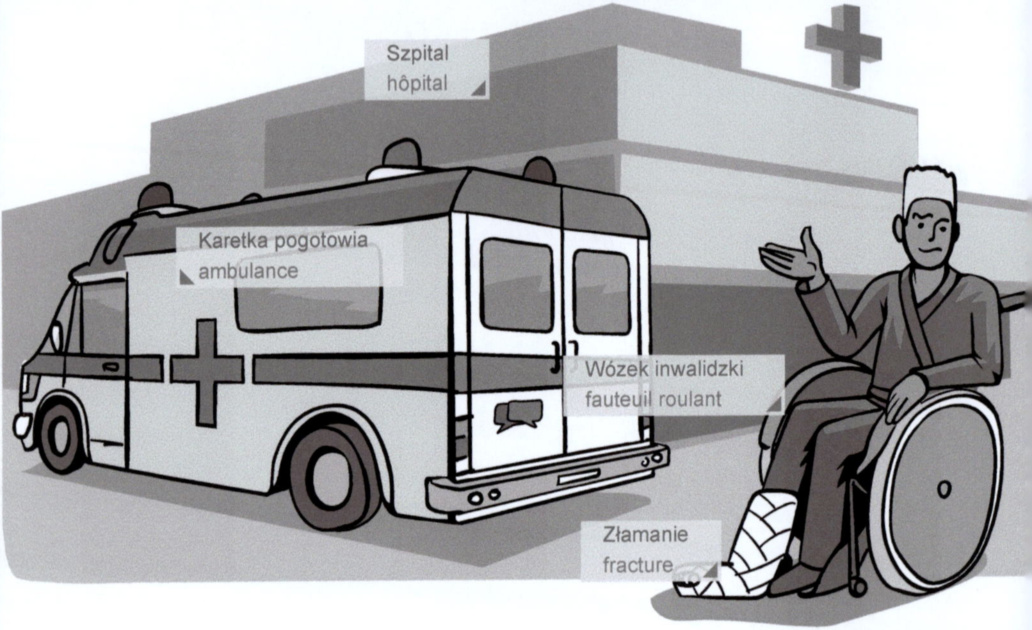

Szpital
hôpital
Karetka pogotowia
ambulance
Wózek inwalidzki
fauteuil roulant
Złamanie
fracture

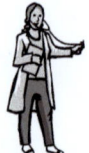

Lekarz

médecin

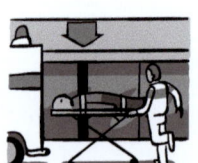

Izba przyjęć

service des urgences

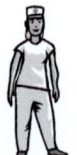

Pielęgniarka

infirmière

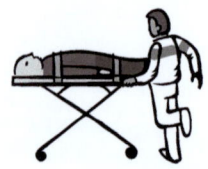

Nagły przypadek

urgence

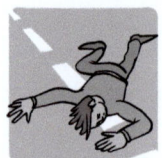

nieprzytomny

inconscient

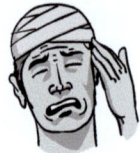

Ból

douleur

Skaleczenie

blessure

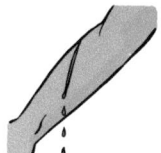

Krwawienie

hémorragie

Zawał serca

crise cardiaque

Udar mózgu

attaque cérébrale

Alergia

allergie

Kaszleć

toux

Gorączka

fièvre

Grypa

grippe

Biegunka

diarrhée

Ból głowy

mal de tête

Rak

cancer

Cukrzyca

diabète

Chirurg

chirurgien

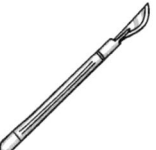

Skalpel

scalpel

Operacja

opération

CT

CT

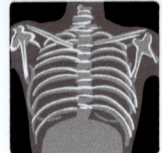

Rentgen

radiographie

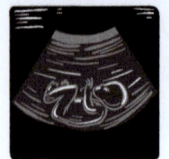

Ultradźwięki

échographie

Maska

masque

Choroba

maladie

Poczekalnia

salle d'attente

Kula

béquille

Plaster

pansement

Opatrunek

pansement

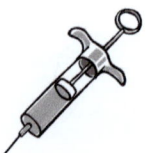

Iniekcja

injection

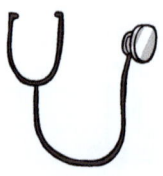

Stetoskop

stéthoscope

Nosze

brancard

Termometr

thermomètre

Poród

accouchement

Nadwaga

surcharge pondérale

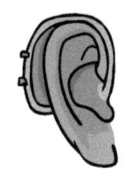

Aparat słuchowy

appareil auditif

Środek dezynfekcyjny

désinfectant

Infekcja

infection

Wirus

virus

HIV / AIDS

VIH / sida

Medycyna

médicament

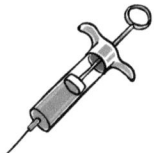

Szczepienie

vaccination

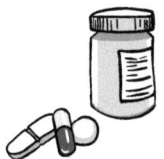

Tabletki

comprimés

Pigułka

pilule

Telefon ratunkowy

appel d'urgence

Ciśnieniomierz krwi

tensiomètre

chory / zdrowy

malade / sain

Pomocy!

Au secours !

Alarm

alarme

Napad

assaut

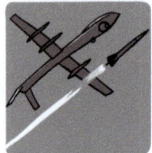

Atak

attaque

Niebezpieczeństwo

danger

Wyjście awaryjne

sortie de secours

Pożar!

Au feu!

Gaśnica

extincteur

Wypadek

accident

Walizeczka pierwszej
pomocy

trousse de premier secours

SOS

SOS

Policja

police

Europa
Europe

Ameryka Północna
Amérique du Nord

Ameryka Południowa
Amérique du Sud

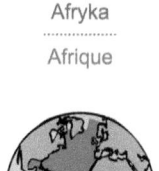

Afryka
Afrique

Azja
Asie

Australia
Australie

Atlantyk
Océan atlantique

Pacyfik
Océan pacifique

Ocean Indyjski
Océan indien

Ocean Antarktyczny
Océan antarctique

Ocean Arktyczny
Océan arctique

Biegun północny
pôle nord

Biegun południowy

pôle sud

Antarktyda

Antarctique

Ziemia

terre

Kraj

pays

Morze

mer

Wyspa

île

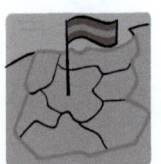

Naród

nation

Państwo

état

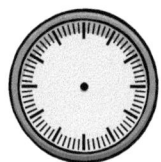

Cyferblat

cadran

Wskazówka godzinowa

aiguille des heures

Wskazówka minutowa

aiguille des minutes

Wskazówka sekundowa

aiguille des secondes

Która godzina?

Quelle heure est-il ?

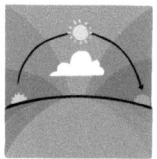

Dzień

jour

Czas

temps

teraz

maintenant

Zegarek digitalny

montre digitale

Minuta

minute

Godzina

heure

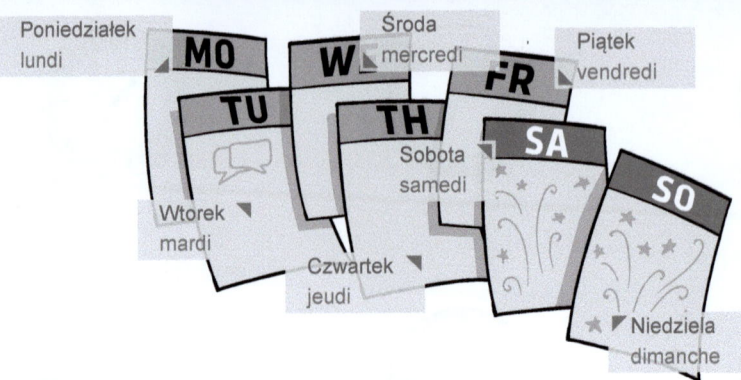

Poniedziałek
lundi

Środa
mercredi

Piątek
vendredi

Wtorek
mardi

Sobota
samedi

Czwartek
jeudi

Niedziela
dimanche

wczoraj

hier

dzisiaj

aujourd'hui

jutro

demain

Rano

matin

Południe

midi

Wieczór

soir

Dni robocze

jours ouvrables

Weekend

week-end

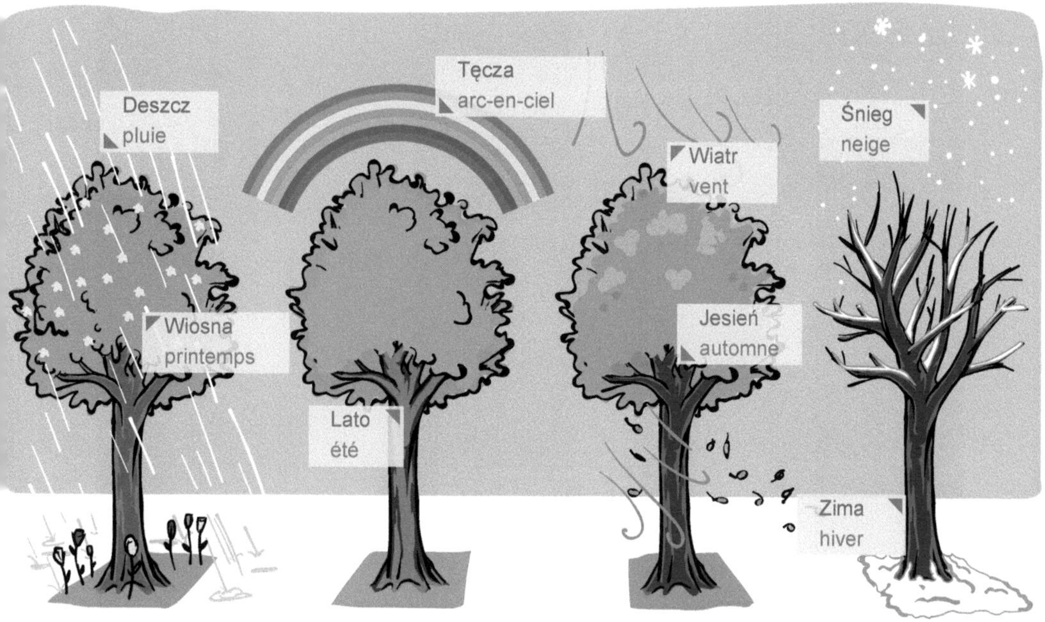

Deszcz
pluie
Tęcza
arc-en-ciel
Wiatr
vent
Śnieg
neige
Wiosna
printemps
Lato
été
Jesień
automne
Zima
hiver

4.APRIL 11°
5.APRIL 4°
6.APRIL 13°
7.APRIL 8°
8.APRIL 10°

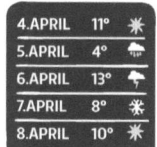

Prognoza pogody
....
météo

F
C
120
90
60
30
0
-30
40
30
20
10
0
-10
-20

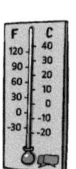

Termometr
....
thermomètre

Światło słoneczne
....
lumière du soleil

Chmura
....
nuage

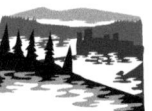

Mgła
....
brouillard

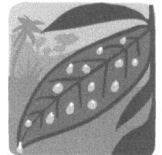

Wilgotność powietrza
....
humidité

Błyskawica

foudre

Grzmot

tonnerre

Sztorm

tempête

Grad

grêle

Monsun

mousson

Potop

inondation

Lód

glace

Styczeń

janvier

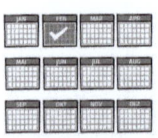

Luty

février

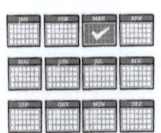

Marzec

mars

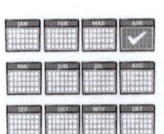

Kwiecień

avril

Maj

mai

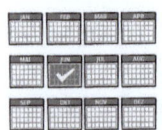

Czerwiec

juin

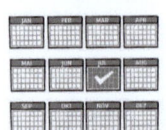

Lipiec

juillet

Sierpień

août

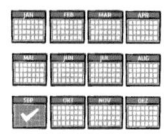

Wrzesień
....
septembre

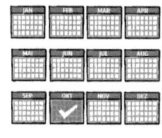

Październik
....
octobre

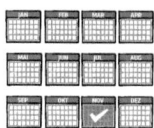

Listopad
....
novembre

Grudzień
....
décembre

Koło
....
cercle

Kwadrat
....
carré

Prostokąt
....
rectangle

Trójkąt
....
triangle

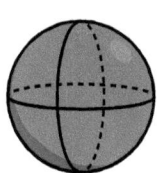

Kula
....
sphère

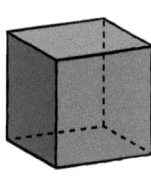

Sześcian
....
cube

biały
....
blanc

żółty
....
jaune

pomarańczowy
....
orange

różowy
....
rose

czerwony
....
rouge

liliowy
....
violet

niebieski
....
bleu

zielony
....
vert

brązowy
....
marron

szary
....
gris

czarny
....
noir

dużo / mało

beaucoup / peu

wściekły / spokojny

fâché / calme

piękny / brzydki

joli / laid

początek / koniec

début / fin

duży / mały

grand / petit

jasny / ciemny

clair / obscure

brat / siostra

frère / soeur

czysty / brudny

propre / sale

kompletny / niekompletny

complet / incomplet

dzień / noc

jour / nuit

umarły / żywy

mort / vivant

szeroki / wąski

large / étroit

jadalny / niejadalny

comestible / incomestible

zły / uprzejmy

méchant / gentil

podniecony / znudzony

excité / ennuyé

gruby / chudy

gros / mince

najpierw / na końcu

premier / dernier

przyjaciel / wróg

ami / ennemi

pełen / pusty

plein / vide

twardy / miękki

dur / souple

ciężki / lekki

lourd / léger

głód / pragnienie

faim / soif

chory / zdrowy

malade / sain

nielegalny / legalny

illégal / légal

inteligentny / głupi

intelligent / stupide

lewo / prawo

gauche / droite

bliski / daleki

proche / loin

nowy / używany

nouveau / usé

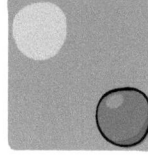

nic / coś

rien / quelque chose

stary / młody

vieux / jeune

włącz / wyłącz

marche / arrêt

otwarty / zamknięty

ouvert / fermé

cichy / głośny

faible / fort

bogaty / biedny

riche / pauvre

prawidłowy / błędny

correct / incorrect

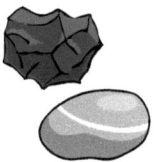

chropowaty / gładki

rugueux / lisse

smutny / szczęśliwy

triste / heureux

krótki / długi

court / long

powolny / szybki

lent / rapide

mokry/suchy

mouillé / sec

ciepły / chłodny

chaud / froid

wojna / pokój

guerre / paix

nombres

0

zero

zéro

1

jeden

un / une

2

dwa

deux

3

trzy

trois

4

cztery

quatre

5

pięć

cinq

6

sześć

six

7

siedem

sept

8

osiem

huit

9

dziewięć

neuf

10

dziesięć

dix

11

jedenaście

onze

12

dwanaście

douze

13

trzynaście

treize

14

czternaście

quatorze

15

piętnaście

quinze

16

szesnaście

seize

17

siedemnaście

dix-sept

18

osiemnaście

dix-huit

19

dziewiętnaście

dix-neuf

20

dwadzieścia

vingt

100

sto

cent

1.000

tysiąc

mille

1.000.000

milion

million

Angielski

anglais

Angielski amerykański

anglais américain

Chiński mandaryński

chinois mandarin

Hindi

hindi

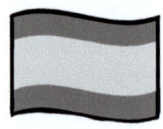

Hiszpański

espagnol

Francuski

français

Arabski

arabe

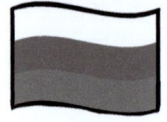

Rosyjski

russe

Portugalski

portugais

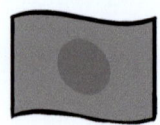

Bengalski

bengali

Niemiecki

allemand

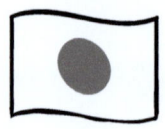

Japoński

japonais

ja
je

ty
tu

on / ona / ono
il / elle / ce, c', cela

my
nous

wy
vous

oni
ils / elles

kto?
Qui ?

co?
Quoi ?

jak?
Comment ?

gdzie?
Où ?

kiedy?
Quand ?

Nazwisko
nom

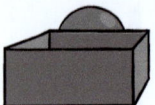

za
....
derrière

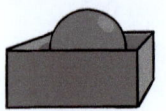

w
....
dans

przed
....
devant

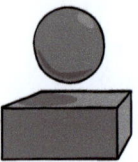

powyżej
....
au-dessus

na
....
sur

pod
....
en-dessous

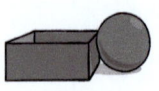

obok
....
à côté de

między
....
entre

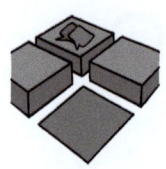

Miejsce
....
lieu